Explora los HÁBITATS del OCÉANO con Elmo

Charlotte Reed

ediciones Lerner ◆ Mineápolis

¡Hay muchos hábitats que explorar!

En la serie Hábitats de Sesame Street®, los pequeños lectores recorrerán ocho hábitats. Únete a tus amigos de *Sesame Street* mientras aprenden sobre estos diferentes hábitats en los que los animales viven, duermen y encuentran agua y comida.

Saludos.
Los editores de Sesame Workshop

Contenido

¿QUÉ ES UN HÁBITAT?

¡Exploremos los hábitats! Un hábitat es un lugar en el que los animales viven y pueden encontrar agua, comida y un lugar para dormir. El océano es un tipo de hábitat.

Los océanos son grandes áreas de agua. Hay cinco océanos en el mundo: el Antártico, el Ártico, el Atlántico, el Índico y el Pacífico.

¡El océano es tan grande! Todavía se están descubriendo algunos animales y plantas del océano.

¡En el océano viven muchos tipos de peces! Algunos de los animales más pequeños del mundo también viven en el océano. A un grupo de peces se lo llama banco o cardumen.

¡Mira esos peces!
¡Son tantos los que
puedo contar!

En el océano también viven animales grandes. El animal más grande del mundo es la ballena azul. Tiene la longitud de tres autobuses escolares y se la puede encontrar en casi todos los océanos.

¡La ballena azul es también el animal más ruidoso del mundo!

En el océano crecen bosques de algas marinas. Estos bosques bajo el agua proporcionan alimento y refugio a los peces y a otros animales oceánicos.

Las nutrias marinas viven en los bosques de algas marinas. También flotan por la superficie del agua para dormir un poco y comer.

Las nutrias marinas se toman de la mano así no se separan mientras flotan.

Las tortugas marinas también viven en el océano. Algunas veces nadan cerca de la superficie del mar. Sacan la cabeza fuera del agua para respirar.

Las tortugas marinas tienen aletas que les ayudan a nadar en el agua.

Algunos animales marinos viven más cerca del fondo del océano. Esta raya con púa se cubre de arena en el suelo marino para comer y descansar.

¡Algunas rayas con púa nadan haciendo ondear sus aletas como alas!

Los arrecifes de coral se encuentran en los océanos. Los corales parecen rocas coloridas. Los arrecifes de coral han existido durante mucho tiempo.

¡El arrecife de coral
parece un jardín
bajo agua!

Los hipocampos viven en los arrecifes de coral. Cuando un hipocampo come o descansa, enrosca la cola alrededor de un coral u otra planta.

Los océanos son hábitats que albergan muchas plantas y animales. ¡Aún hay tanto por explorar!

¿PUEDES ADIVINAR?

1. ¿Cuál de estas imágenes es de un hábitat de océano?

2. ¿Cuál de estos animales vive en un hábitat de océano?

Glosario

aletas: extremidades planas que un animal marino usa para nadar; se usa también en el caso de los peces

hábitat: un lugar en el que los animales viven y pueden encontrar agua, comida y un lugar para dormir

refugio: un lugar en el que los animales encuentran cobijo y protección

superficie: las partes superiores de un área de tierra o agua

¿Puedes adivinar? Respuestas

1. B
2. A

Otros títulos

Culliford, Amy. *Super Cute Ocean Animals*. Nueva York: Crabtree, 2023.

Reed, Charlotte. *Explora los hábitats de agua dulce con Gabrielle*. Mineápolis: ediciones Lerner, 2026.

Sabelko, Rebecca. *Ocean Animals*. Mineápolis: Bellwether Media, 2023.

Créditos por las fotografías

Créditos de las imágenes: IakovKalinin/Getty Images, p. 5; Wirestock/Getty Images, p. 6; bugking88/Getty Images, p. 9; Georgette Douwma/Getty Images, p.10; eco2drew/Getty Images, p. 12; fdastudillo/Getty Images, p. 15; net_fabrix/Getty Images, p. 16; M Swiet Productions/Getty Images, p. 18; Gerard Soury/Getty Images, p. 21; mihtiander/Getty Images, p. 22; GOLFX/Getty Images, p. 25; Kurit afshen/Shutterstock, p. 26 (pez payaso); NaluPhoto/Getty Images, p. 26 (delfines); Humberto Ramirez/Getty Images, p.27; fhm/Getty Images, p. 28 (izquierda); Damocean/Getty Images, p. 28 (derecha); Philip Thurston/Getty Images, p. 29 (ballenas); Vicki Jauron/Babylon and Beyond Photography/Getty Images, p. 29 (elefantes).

Portada: Gerard Soury/Getty Images (anémona); lingqi xie/Getty Images (Lago Qinghai); Paul Souders/Getty Images (raya con púas); M Swiet Productions/Getty Images (tortugas de agua).

Índice

Dedicado a las mentoras que me ayudaron a ser más inteligente, fuerte y amable: Bridget, Jennifer, Karen, Meg y Sue

ediciones Lerner
Una división de Lerner Publishing Group, Inc.
241 First Avenue North
Mineápolis, MN 55401, EE. UU.

Si desea averiguar acerca de niveles de lectura y para obtener más información, favor consultar este título en www.lernerbooks.com.

Fuente del texto del cuerpo principal: Mikado 24/41. Fuente proporcionada por HVD.

Library of Congress Cataloging-in-Publication Data

Names: Reed, Charlotte, 1997-author | Zab Translation Solutions translator
Title: Explora los hábitats del océano con Elmo / Charlotte Reed ; [la traducción al español fue realizada por Zab Translation].
Other titles: Explore ocean habitats with Elmo. Spanish
Description: Mineápolis : ediciones Lerner, [2026] | Series: Hábitats de Sesame Street | Includes bibliographical references and index. | Audience: Ages 4-8 | Audience: Grades K-1 | Summary: "The ocean covers over half of the world! Kids will dive deep into these amazing ocean habitats with Elmo and his friends from Sesame Street. Now in Spanish!"—Provided by publisher.
Identifiers: LCCN 2025015872 (print) | LCCN 2025015873 (ebook) | ISBN 9798765690260 library binding | ISBN 9798348028282 paperback | ISBN 9798765692400 epub
Subjects: LCSH: Marine animals—Habitations—Juvenile literature | Marine ecology—Juvenile literature
Classification: LCC QL122.2 R418 2026 (print) | LCC QL122.2 (ebook) | DDC 591.77—dc23/eng/20250805

Fabricado en los Estados Unidos de América
1-1012590-54897-5/22/2025